EDUARD BÖTTICHER

Gestaltungsrecht und Unterwerfung im Privatrecht

SCHRIFTENREIHE
DER JURISTISCHEN GESELLSCHAFT e.V.
BERLIN

Heft 17

Berlin 1964

WALTER DE GRUYTER & CO.

vormals G. J. Göschen'sche Verlagshandlung · J. Guttentag, Verlagsbuchhandlung
Georg Reimer · Karl J. Trübner · Veit & Comp.

Gestaltungsrecht und Unterwerfung im Privatrecht

Von

Dr. Eduard Bötticher

o. Professor an der Universität Hamburg

Vortrag
gehalten vor der
Berliner Juristischen Gesellschaft
am 8. November 1963

Berlin 1964

WALTER DE GRUYTER & CO.

vormals G. J. Göschen'sche Verlagshandlung · J. Guttentag, Verlagsbuchhandlung
Georg Reimer · Karl J. Trübner · Veit & Comp.

Archiv-Nr. 2 727 64 5/6

Satz und Druck : S Saladruck, Berlin 65

Am 23. Mai 1903 hat *Emil Seckel* in der Berliner Juristischen Gesellschaft seinen berühmt gewordenen Vortrag über „Die Gestaltungsrechte des Bürgerlichen Rechts" gehalten, der in der Festschrift für *Richard Koch*, den langjährigen verdienten Präsidenten ebendieser Gesellschaft, zum 2. November 1903, also genau vor 60 Jahren, erschien. *Seckels* Vortrag ist nach einem halben Jahrhundert (1954) von der Wissenschaftlichen Buchgemeinschaft in Darmstadt neu aufgelegt worden — eine Auszeichnung, die die von *Seckel* bescheiden als Vortragsskizze bezeichnete Monographie mit epochemachenden juristischen Werken teilt. Daß die Definition des Gestaltungsrechts als *„der Macht zur Gestaltung konkreter Rechtsbeziehungen durch einseitiges Rechtsgeschäft"* in das Schrifttum eingegangen ist, daß die Rechtsprechung mit dem handlichen Ordnungsfaktor erfolgreich operieren konnte, daß schon der Student mit dem Kündigungs-, dem Anfechtungs- oder dem Rücktrittsrecht den Begriff des Gestaltungsrechts verbindet, ist nicht nur der schöpferischen gedanklichen Leistung, sondern auch dem plastischen Stil zu danken, mit dem *Seckel*, der vor fast 100 Jahren (am 10. Januar 1864) geboren wurde, leider aber schon 1924 starb, seine bedeutenden, freilich fast ausschließlich romanistischen Untersuchungen schrieb[1].

Die folgenden Ausführungen sollen die „Besinnung auf das Gestaltungsrecht und das Gestaltungsklagerecht" fortführen, die ich zu der Festschrift für *Hans Dölle*: „Vom deutschen zum europäischen Recht" (1963) beigesteuert habe[2]. Diesmal möchte ich (vgl. II) die Aufmerksamkeit besonders auf das „Widerlager"

---

[1] Über Leben und Wirken *Seckels* unterrichten viele ehrende Nachrufe, unter denen ich hervorhebe die Gedächtnisrede von *Ernst Heymann*, Sitzungsberichte der Preußischen Akademie der Wissenschaften, Phil.-hist. Klasse, 1924, S. CV ff. sowie die Biographie von *Erich Genzmer*, ZRG RomAbt 46 (1926), 216 ff., die aus der persönlichen Nähe des Schülers einen lebendigen Eindruck von der hervorragenden Persönlichkeit *Seckels* vermittelt.

[2] Bd. 1, S. 41 ff.; auch als Einzelausgabe erschienen (Verlag J. C. B. Mohr [Paul Siebeck], Tübingen).

des Gestaltungsrechts, nämlich die *Unterwerfung des Gestaltungsgegners*, lenken, die als Rechtsfigur des Privatrechts noch nicht die gleiche Beachtung gefunden hat wie ihr öffentlichrechtliches Gegenstück. Von hier aus wird sich zugleich die Möglichkeit ergeben, verwechselbare Figuren wie insbesondere die Vertretungsmacht aus dem Kreis der Gestaltungsrechte auszuscheiden. Andererseits sollen unter den Gestaltungsrechten heute besonders diejenigen zu ihrem Recht kommen, die ich zuvor als *„ausfüllende Gestaltungsrechte"* in eine besondere Kategorie — im Gegensatz zu den von *Crome* so genannten „Gegenrechten" (Anfechtung, Kündigung, Rücktritt), an denen sich die Vorstellung des Gestaltungsrechts in erster Linie gebildet hat — verwiesen, aber nur kurz gestreift hatte; dabei wird (unter III) die Befugnis des Dritten zur Bestimmung einer geschuldeten Leistung gemäß § 317 BGB in neuen dogmatischen Zusammenhängen gezeigt werden. Doch zunächst noch einmal zum Gestaltungsrecht überhaupt (I)!

I.

Mit dem *Gestaltungsrecht* hat *Seckel* eine eigenartige Verbindung von Grundelementen unserer rechtlichen Vorstellungswelt sichtbar gemacht. Ich meine die Verbindung von Rechtsgeschäft und subjektivem Recht. Während wir gewohnt sind, daß aus den Rechtsgeschäften subjektive Rechte, vertragliche Ansprüche, aber auch Gestaltungsrechte (wie z. B. das vertragliche Rücktrittsrecht) erwachsen, dreht sich beim Gestaltungsrecht das Verhältnis in dem Sinne um, daß das Recht durch Rechtsgeschäft ausgeübt wird (wie etwa das Rücktrittsrecht durch die Rücktrittserklärung, das Kündigungsrecht durch die Kündigung). Das Rechtsgeschäft wird sozusagen zur Speerspitze des subjektiven Rechts.

1. Lassen Sie mich dieses Bild einmal gebrauchen, um die Faszination zu kennzeichnen, die vom Gestaltungsrecht der *Seckel*schen Prägung ausgeht. Da ich mein Rücktrittsrecht durch eine bloße Erklärung meines Willens durchsetzen kann, also auf die Mitwirkung meines Partners, des Gestaltungsgegners, nicht angewiesen bin, bekommt die Rechtsausübung geradezu den

Charakter einer *Selbsthilfe*, wie sie beim Anspruch nur ausnahmsweise begegnet. Daß der Gestaltungsberechtigte ohne
gerichtlichen Titel und ohne Vollstreckung auskommt, liegt
daran, daß sein Recht auf eine *Veränderung in der Rechtswelt*
gerichtet ist und nicht in der rauhen Welt der Tatsachen reale
Leistungen eines Schuldners erstrebt. Nur deshalb erscheint es
als Umweg, dem an der Umgestaltung der Rechtslage Interessierten erst noch einen Anspruch darauf einzuräumen, daß der
Gegner mit ihm einen Abänderungsvertrag abschließe. Zuweilen
ist dieser Weg vom Gesetzgeber ja auch eingeschlagen worden:
das Wandlungsrecht des Käufers ist nicht als Gestaltungsrecht
nach Art des Rücktritts, sondern als Anspruch auf Wandlung
konstruiert, und wir erinnern uns an das Kopfzerbrechen, das
diese Konstruktion der Theorie und Praxis bereitet hat.

2. Da das Gestaltungsrecht durch Rechtsgeschäft ausgeübt
wird, muß die Ausübung den Erfordernissen des Rechtsgeschäfts
entsprechen. Trotz Vorliegens eines Gestaltungsrechtes — mein
Gegner hat mir den vom Gesetz verlangten wichtigen Grund
zur Kündigung gegeben — scheitert die Rechtsausübung, wenn
die Kündigungserklärung z. B. der vereinbarten Form ermangelt.
Nach der Rechtsprechung und nach der ausdrücklichen Vorschrift
des Kündigungsschutzgesetzes (§ 11) ist auch der § 138 BGB auf
die Kündigung anwendbar, obwohl mir scheinen will, daß die
§§ 134, 138 BGB geschaffen sind, um den rechtsgeschäftlichen
Inhalt eines Vertrags (freilich auch eines einseitigen Rechtsgeschäftes wie des Testaments) zu kontrollieren, nicht aber, um die
Ausübung subjektiver Rechte unter Kontrolle zu nehmen. Hier
sind ja andere Bestimmungen zur Bekämpfung des Rechtsmißbrauchs heranzuziehen (§§ 226, 242, 826 BGB u. a.), die nicht
nur für Ansprüche und Herrschaftsrechte, sondern auch für Gestaltungsrechte gelten[3]. Hier zeigt sich also bereits, wie die Gestaltungserklärung den Blick von dem hinter ihr stehenden Gestaltungsrecht abzuziehen vermag. Wie denn ja auch das BGB *keine
allgemeinen Vorschriften über Gestaltungsrechte, sondern nur
solche über die einseitigen Rechtsgeschäfte* kennt, die in aller
Regel nichts anderes sind als Ausübungsakte von Gestaltungs-

---

[3] Vgl. meine Abhandlung „Die ‚sozial ungerechtfertigte Kündigung' im
Sinne des KSchG vom 10. 8. 1951", MDR 1952, 260.

rechten. Spricht man aber vom einseitigen Rechtsgeschäft, so vergißt man umgekehrt allzu leicht, daß, sofern mit ihm Gestaltungsrechte ausgeübt werden, zu den allgemeinen Wirksamkeitsvoraussetzungen des Rechtsgeschäfts noch das Gestaltungsrecht hinzutreten muß, wenn der Erfolg eintreten soll. Vollmachterteilung oder Testamentserrichtung bedürfen eines besonderen Rechtes nicht, da es sich wie bei der Vertragsfreiheit um eine jedermann zukommende Fähigkeit handelt. Dagegen muß der gestaltende Eingriff in eine fremde Rechtssphäre, wie er uns bei der Anfechtung oder Kündigung begegnet, aus einer besonderen Macht legitimiert werden.

3. Trotz der Kombination von Recht und Rechtsgeschäft handelt es sich bei dem Gestaltungsrecht und der Gestaltungserklärung um zwei Rechnungseinheiten, die manchmal nicht genügend auseinandergehalten werden. Das zeigt sich besonders bei der Absteckung der *Rechtskraftgrenzen*.

Ist die Arbeitgeberkündigung vom Arbeitsgericht wegen Formmangels für unwirksam erklärt worden, so sieht jeder ein, daß der Arbeitgeber erneut kündigen und dann in einem zweiten Prozeß über die Berechtigung seiner Kündigung streiten kann. Ist dagegen im ersten Prozeß die Kündigung für unwirksam erklärt worden, weil es an dem behaupteten Kündigungsgrund (z. B. einer dem Arbeitnehmer zur Last gelegten Unterschlagung) fehle, so kann offenbar der Arbeitgeber den Streit über diesen vom Gericht verneinten Kündigungsgrund nicht einfach dadurch erneuern, daß er, auf ihn gestützt, noch einmal kündigt. Hier war das *Kündigungsrecht* zum Streitgegenstand geworden. Das wird verdunkelt, wenn man sich an die *Kündigungserklärung* hält und behauptet, daß nur die einzelne, konkrete, vom Arbeitnehmer angegriffene Kündigungserklärung im Streit gewesen sei[4]. Sie kennen das Parallelproblem aus der Verwaltungsgerichtsbarkeit: die Frage, ob einer Wiederholung des vom Verwaltungsgericht aufgehobenen Verwaltungsaktes von dem Betroffenen

---

[4] Hierzu sowie zum Streitgegenstand des Kündigungsschutzprozesses vgl. meinen Beitrag zur Festschrift *Herschel* (1955), S. 181 ff. und meine weitergeführte Auseinandersetzung mit dem BAG in BB 1959, 1032 ff.

entgegengehalten werden kann, daß das Recht der Verwaltung, diesen Akt zu setzen, bereits rechtskräftig verneint sei[5].

Ich meine, daß es für die Rechtskraft keinen Unterschied machen darf, ob das Gesetz das vorhin erwähnte Wandlungsrecht des Käufers als Anspruch oder als Gestaltungsrecht ausgeformt hat. Ist der Fehler der Kaufsache, auf den das Wandlungsbegehren gestützt war, verneint, so kann es offenbar dem Käufer nichts nützen, wenn er wegen desselben Fehlers erneut die Wandlung verlangt. Genausowenig wie er den abgewiesenen Wandlungsanspruch erneuern kann, könnte er die Rechtskraft dadurch umgehen, daß er zum zweiten Male eine vorgesehene Gestaltungserklärung abgäbe.

Es kann auch keinen Unterschied machen, ob der Kläger ein eigenes Gestaltungsrecht zum Streitgegenstand macht, wie etwa bei der Ehescheidungsklage, oder ob er eine *Gegengestaltungsklage* erhebt, mit der er sich gegen einen fremden Gestaltungsakt wehrt. Über diese zweite Kategorie von Gestaltungsklagen habe ich in der schon erwähnten Festschrift für *Dölle* gehandelt und zu ihr sowohl die Kündigungsschutzklage wie die verwaltungsgerichtliche Anfechtungsklage, ferner die mit der letzteren verwandten Zwangsvollstreckungsrechtsbehelfe (§§ 766, 767, 771 ZPO), beispielsweise aber auch die Anfechtungsklage des Aktionärs gegen einen Beschluß der Hauptversammlung gerechnet. Sowenig nun eine Ehescheidungsklage aus dem bereits verneinten Scheidungsgrund erneuert werden kann (§ 616 ZPO), sowenig kann der Aktsetzer, wenn der von ihm gesetzte Gestaltungsakt wegen fehlenden Gestaltungsrechts durch die rechtskräftige Entscheidung im (Gegen-)Gestaltungsprozeß ausgemerzt worden ist, den Akt rechtskraftfrei wiederholen. Auch für die Rechtskraft ist die Waffengleichheit das oberste Gebot!

4. Im übrigen ist das Prinzip des „ne bis in idem" den normalen Gestaltungsrechten, wie sie *Seckel* beschrieben hat, gewissermaßen schon materiellrechtlich eingeboren. Nur einmal

---

[5] Vgl. dazu meine Abhandlung „Die Bindung der Gerichte an Entscheidungen anderer Gerichte", Festschrift zum hundertjährigen Bestehen des Deutschen Juristentages (1960), Bd. 1, S. 511 ff.

ist mir gestattet, die Gestaltungserklärung abzugeben; die ordnungsmäßige Erklärung „*konsumiert*" das Gestaltungsrecht. Mit dieser Konsumtion hängt auch die *Unwiderruflichkeit* des Gestaltungsakts zusammen. Sie ist im BGB nur vereinzelt hervorgehoben, folgt aber aus der durch die Gestaltung unmittelbar eingetretenen Änderung des betroffenen Rechtsverhältnisses. Diese Änderung kann, sobald sie eingetreten ist, grundsätzlich nicht ungeschehen gemacht, d. h. nicht mit rückwirkender Kraft beseitigt, sondern nur durch rechtsgeschäftliches Zusammenwirken beider Partner überwunden werden. Unwiederholbarkeit und Unwiderruflichkeit der Gestaltungserklärung sind der Preis, den man dafür zahlt, daß man auf so einfache Weise, nämlich durch bloße Willenserklärung, sein Recht verwirklichen kann[6].

Denkbar sind Gestaltungsrechte, die dem Berechtigten gestatten, einander ablösende Regelungen zu treffen. Ein „Mutter"-Gestaltungsrecht wird hier sukzessive ausgeübt. Schon *Seckel*[7] zählte zu den Gestaltungsrechten das Direktionsrecht des Arbeitgebers, durch das dieser die Arbeitsverpflichtung konkretisiert. Es handelt sich dabei um ein solches Muttergestaltungsrecht, das sich wesensgemäß nicht in einer einzigen Gestaltungserklärung erschöpft, sondern eine fortlaufende Regelung trägt. Ich hatte in der *Dölle*-Festschrift Bd. 1, S. 52 diesen Wechsel der Weisungen nicht genügend von dem Prinzip der Unwiderruflichkeit distanziert. Aber man muß unterscheiden: Die Bestimmung der vertragsmäßigen Leistung durch eine Vertragspartei (§ 315 BGB) oder durch einen Dritten (§ 317 BGB) kann auch auf ein *laufendes* „Anpassungsrecht" zurückgehen[8]. Wenn mit Recht betont

---

[6] Daß dort, wo die Gestaltung erst durch rechtskräftiges Urteil herbeigeführt wird, also in den Fällen der Gestaltungsklage, eine größere Beweglichkeit eintritt, liegt auf der Hand. Näheres darüber siehe *Dölle*-Festschrift Bd. 1, S. 72.

[7] Festschrift für *Richard Koch*, S. 307 Anm. 2 (Sonderausgabe 1954, S. 7 Anm. 6).

[8] Wie es beispielsweise in Versicherungsbedingungen begegnet; vgl. die „Prämienangleichungsklausel" in § 8 III der Allgemeinen Haftpflichtversicherungsbedingungen. Dazu *Möller*, Rechtsprobleme zur Prämienangleichungsklausel in der allgemeinen Haftpflichtversicherung (§ 8 III AHB), Rechtsgutachten, Stuttgart 1963. Der Dritte im Sinne des § 317 BGB ist hier die Versicherungsaufsichtsbehörde, die die Anpassung nicht im Rahmen behördlicher Tätigkeit, sondern in Ausübung eines ihr durch den Versicherungsvertrag eingeräumten privaten Gestaltungsrechts vornimmt (vgl. *Möller*, a. a. O. S. 22 ff.).

wird, daß die Leistungsbestimmung unwiderruflich ist, so trifft dies durchaus für die einzelne „Anpassungserklärung" zu, hindert aber nicht, daß sie von einer späteren „Anpassungserklärung" abgelöst wird. Ich lege auf diese Distinktion um deswillen Wert, weil ich unter III dartun will, daß auch die *Setzung von Normen* Ausfluß eines privaten Gestaltungsrechts sein kann. Gerade ein solches Gestaltungsrecht trägt funktionell die Macht zu wiederholter, wechselnder Normierung in sich. Unter den „ausfüllenden Gestaltungsrechten", die *mit* dem und nicht *gegen* den Strom schwimmen, nehmen diese Rechte zur *fortlaufenden Regelung* geradezu den Charakter von „Führungsrechten" an, auf deren Ausübung die Parteien angewiesen sind, um weiterzukommen.

II.

1. Wir haben uns daran gewöhnt, mit *Seckel* das Gestaltungsrecht nach seiner *Zielrichtung* — nämlich der Umgestaltung von Rechtsverhältnissen — zu beschreiben, mit anderen Worten, die dem Gestaltungsberechtigten verliehene Rechtsmacht an den Wirkungen der Gestaltungserklärung abzulesen. Wie wir aber dem Anspruch die Verpflichtung gegenüberstellen, so sollten wir auch beim Gestaltungsrecht nicht auf die Beschreibung der Kehrseite verzichten, um eine umlauffähige Münze zu bekommen, die auch jenseits der Grenzen des Privatrechts eingewechselt wird. Wir sollten uns nicht scheuen, von einem Zustand des *Abhängigseins,* ja des *Unterworfenseins* dessen zu sprechen, dem gegenüber ein Gestaltungsrecht besteht. Damit wird man am ehesten der Situation dessen gerecht, der einem einseitigen Rechtsgeschäft eines anderen ausgesetzt ist (dem z. B. gekündigt werden kann), der also in seinem Rechtsverhältnis von fremdem Willen abhängig und von diesem in seinem Rechtskreis erreichbar ist. Es ist die Entsprechung von „power" und „liability", die in dem System des nordamerikanischen Rechtslehrers *Hohfeld* dem Begriffspaar „right" und „duty" treffend gegenübergestellt wird[9].

---

[9] Vgl. dazu *Dölle,* GruchotsB 68 (1927), 492 ff. *Von Tuhr* spricht von „Bindung" (vgl. Allg. Teil Bd. 1, S. 170).

2. Daß die Gestaltungserklärung des Privatrechts sich begrifflich dem öffentlichrechtlichen Akt nähert, der ein Subjektionsverhältnis realisiert, wird man kaum bestreiten. Mit dem oben angesprochenen Direktionsrecht des Arbeitgebers ist man bereits bei der Kategorie des Befehls, die das öffentliche Recht beherrscht und die man ja auch respektiert, wenn man von der Gehorsamspflicht des Arbeitnehmers spricht oder betont, daß das Arbeitsverhältnis das Merkmal eines Abhängigkeitsverhältnisses aufweise und in dieser Beziehung mit dem öffentlichen Recht verwandt sei[10].

Wir sollten auch keine Bedenken tragen, von der privaten Gestaltungserklärung als einem Akt der Rechtsetzung zu sprechen und die Verwandtschaft mit dem Verwaltungsakt hervorzuheben, der als öffentlichrechtlicher Akt freilich eine besondere Dignität aufweist, insofern er trotz Fehlerhaftigkeit zunächst einmal gilt und durch fristgerechte Anfechtungsklage beseitigt werden muß, falls ihn nicht besonders schwere Mängel nichtig machen.

Inzwischen hat die Gesetzgebung beispielsweise aber auch die *Arbeitgeberkündigung* ähnlich ausgestaltet. Der Kündigungsschutz des Arbeitnehmers wirkt sich in erster Linie darin aus, daß aus dem freien Kündigungsrecht des Arbeitgebers ein an

---

[10] Diese *juristische* Unterworfenheit des Arbeitnehmers ist mit der Abhängigkeit gemeint, nicht die sog. wirtschaftliche Abhängigkeit, in der der Arbeits*vertrag* praktisch zum *Diktat* von Arbeitsbedingungen werden kann. — Um faktische, nicht juristisch-technische Unterwerfung handelt es sich auch bei demjenigen, der bei einem Vertragsschluß Allgemeine Geschäftsbedingungen seines Partners akzeptiert, weil ihm nichts anderes übrigbleibt. BGHZ 38, 183, 186 will (unter Bezugnahme auf *Larenz*, Lehrb. des Schuldrechts, Allg. Teil, 4. Aufl., § 8 a. E.) gleichwohl auch hier „den in § 315 BGB enthaltenen Schutzgedanken zum Zuge kommen" lassen. Damit wird die Kontrolle Allgemeiner Geschäftsbedingungen um einen beachtlichen Gesichtspunkt bereichert, der allerdings (was *Lukes*, NJW 1963, 1897 ff. zutreffend hervorhebt) sowohl in materiellrechtlicher als in prozessualer Hinsicht noch wichtige Fragen offenläßt. *Flume* in: Hundert Jahre deutsches Rechtsleben, Festschrift zum hundertjährigen Bestehen des Deutschen Juristentages (1960), Bd. 1, S. 167 nimmt ebenfalls an, daß, wer die Allgemeinen Geschäftsbedingungen in den Vertrag einführe, allein die Regelung setze; es liege damit „ein dem § 315 BGB gleichartiger Fall" vor. Vgl. hierzu unten Anmerkung 20 und über die Figur der Unterwerfung im Zusammenhang mit dem Vertragsschluß überhaupt den Text unter II 5 und 6.

Gründe gebundenes geworden ist. Aber es handelt sich beim Fehlen solcher Gründe nicht um eine Unwirksamkeit, wie sie beispielsweise nach § 626 BGB der außerordentlichen Kündigung beim Fehlen des „wichtigen Grundes" anhaftet; vielmehr ist der Arbeitnehmer genötigt, in *allen* Fällen der Grundlosigkeit die Kündigung wie einen fehlerhaften Verwaltungsakt anzugreifen, indem er binnen drei Wochen die Kündigungsschutzklage vor dem Arbeitsgericht erhebt[11].

3. Die Unterwerfung unter das privatrechtliche Gestaltungsrecht geht entweder unmittelbar auf das Gesetz oder auf einen rechtsgeschäftlichen Unterwerfungsakt zurück. Man denke an den Unterschied von gesetzlichem und vertraglichem Kündigungsrecht — eine Unterscheidung, die der Gegenüberstellung von gesetzlichen und vertraglichen Ansprüchen entspricht. *Seckel* ist diesem Unterschied der Gestaltungsbasis nicht näher nachgegangen, da es für das Wesen des Gestaltungsrechts nichts ausmacht, ob ich beispielsweise ein außerordentliches Kündigungsrecht aus wichtigem Grund oder ein ordentliches Kündigungsrecht aus vertraglicher Abmachung herleite.

Indessen verlohnt es sich, wie ich glaube, der *rechtsgeschäftlichen Unterwerfung* unter das Gestaltungsrecht eines anderen näher nachzugehen, weil an ihr die Konturen dieser eigenartigen Rechtsmacht am schärfsten abgesteckt und von verwechselbaren Unterwerfungsakten unterschieden werden können.

Die Reichweite des vom Gestaltungsgegner eingeräumten Gestaltungsrechts entspricht dem Grade der Unterwerfung; beide müssen fugenlos aufeinander passen. Die Unterwerfung unterliegt aber auch der Kontrolle.

Dabei ist die *gesetzliche* Kontrolle nicht nur an den Generalklauseln der §§ 134, 138 BGB orientiert; es finden sich auch Sondervorschriften wie z. B. § 2065 BGB, der bei letztwilligen

---

[11] Vorübergehend (von 1928 bis 1942) war die Rechtslage ähnlich bei der *Vermieterkündigung*. Sie hatte damals in der Form einer dem Zahlungsbefehl nachgebildeten gerichtlich zugestellten Kündigung zu erfolgen, die bei Nichtwiderspruch die Qualität eines Versäumnisurteils erlangen konnte. Ähnlich liegen ja auch die Verhältnisse bei dem Beschluß der Hauptversammlung einer Aktiengesellschaft, der mit der Gestaltungsklage des Aktionärs angegriffen werden muß, um seine Geltung zu verlieren.

Verfügungen die Unterwerfung unter fremden Geltungswillen ausschließt. Im übrigen ist die Problematik des Sich-abhängig-machens von fremder Gestaltung noch keineswegs restlos geklärt: ich denke insbesondere an die Fälle der Mitbestimmung bei der Ausübung von Gestaltungsrechten — wo also der Inhaber des Gestaltungsrechts sich der Zustimmung eines Dritten bei der Ausübung seines Rechts unterwirft. Ich verweise auf die schwierigen Fragen, inwieweit die gesetzlichen Mitwirkungsrechte des Betriebsrats erweiterungsfähig sind, ich verweise ferner auf das Problem, inwieweit das Prinzip des § 137 BGB berührt ist, wenn ich die Ausübung des Kündigungsrechts von fremder Zustimmung abhängig mache, oder inwieweit bei der außerordentlichen Kündigung hier schon § 626 BGB entgegensteht[12].

Die richterliche *Ermessens*kontrolle ist vom BAG[13] für gewisse Widerrufsvorbehalte ins Spiel gebracht worden, die in der Praxis einzelvertraglichen oder betrieblichen Pensionszusagen des Arbeitgebers hinzugefügt werden und Gestaltungsrechte gegenüber den Anwärtern und Pensionären darstellen. Indem das BAG den Widerrufsvorbehalt in das Leistungsbestimmungsrecht des § 315 BGB eingeordnet hat (obwohl dort von der Bestimmung des *Inhalts* und nicht von der Bestimmung der *Dauer* der Leistung die Rede ist), hat es die Anrufung des Gerichts gegenüber unbilligen Widerrufen ermöglicht. In der später (III 4 und 5) zu erörternden Heranziehung des § 317 BGB im Rahmen des Tarifvertrags- und des Vereinsrechts handelt es sich dagegen in erster Linie um die dogmatische Aufhellung umstrittener Rechtsphänomene, nicht um die Ermöglichung richterlicher Kontrolle (gemäß § 319 Abs. 1 BGB) — auf die die Beteiligten vielmehr weitgehend verzichtet haben: wissen sie doch, daß sie ihr Einzelinteresse hinter das Kollektivinteresse zurücktreten lassen müssen, und daß sie demgemäß ihr Heil nicht in repressivem, auf das Einzelrechtsverhältnis bezogenen Eingreifen des Richters, sondern vielmehr in präventiver Einflußnahme innerhalb des an der Normensetzung beteiligten Verbandes zu suchen haben.

---

[12] Vgl. dazu BAG AP Nr. 14 zu § 626 BGB mit kritischer Anmerkung von mir.

[13] Vgl. das Urteil AP Nr. 13 zu § 242 BGB Ruhegehalt. — Über die Heranziehung des § 315 BGB zwecks Kontrolle des Inhalts Allgemeiner Geschäftsbedingungen vgl. oben Anmerkung 10.

4. Mit *Seckel* rechnen viele die Vertretungsmacht und die Verfügungsmacht zu den Gestaltungsrechten. Nicht nur erinnert die Macht des Vertreters, den Vertretenen zu binden, seine Rechtssphäre zu gestalten, an die Rechte des rechtlichen Könnens, wie *Zitelmann* die Gestaltungsrechte genannt hat; es läßt sich auch, wenn man will, die Vorstellung eines rechtsgeschäftlichen Unterwerfungsakts mit der Vollmachterteilung verbinden, insofern sich ja der Vollmachtgeber mit den Wirkungen des Vertreterhandelns einverstanden erklärt. Dennoch verwischen wir die Konturen, wenn wir etwa das Kündigungsrecht und die Vollmacht auf einen Nenner bringen.

Wollte man die Vollmacht als Gestaltungsrecht auffassen, so müßte man annehmen, daß zwischen dem Vertreter und dem Vertretenen jene „*Gestaltungsbeziehung*" gegeben ist, wie sie sonst zwischen dem Gestaltungsberechtigten und dem Gestaltungsgegner vorliegt — so etwa zwischen dem Vermieter und dem Mieter hinsichtlich der Kündigung. Während aber der Vermieter sich mit der Kündigung an den Mieter wendet, erklärt der Vertreter dem Vertretenen gar nichts. Was sich zwischen dem Vertreter und dem Dritten abspielt — mag es sich nun um den Abschluß eines Vertrages, um die Abgabe oder gar nur um den Empfang einer einseitigen Erklärung[14] handeln —, steht ja außerhalb der zu fordernden Gestaltungsbeziehung zwischen Vertreter und Vertretenem und muß für die Konstruktion der Vollmacht als Gestaltungsrecht außer Betracht bleiben.

Es fehlt an jener Gestaltungsbeziehung übrigens schon insofern, als der Vertreter ja *für* den Vertretenen dasteht und nach dem Sinne der Institution *dessen* Interessen wahrt. Man sagt zwar, daß der Vertreter mit Wirkung für und gegen den Vertretenen handele, meint aber damit nur, daß das Vertretergeschäft den Vertretenen bald berechtige, bald verpflichte. Nicht gemeint ist jenes „Gegen", das der Gestaltungserklärung die

---

[14] Sicher ist es nicht haltbar, wenn *Fenkart* in seiner gründlichen Schweizer Monographie „Wesen und Ausübung der Gestaltungsrechte" (1925), S. 3 ff. die Vollmacht dann als Gestaltungsrecht ansieht, wenn der Bevollmächtigte ein einseitiges Gestaltungsrecht vornimmt. Dagegen mit Recht *Müller-Freienfels*, Die Vertretung beim Rechtsgeschäft (1955), S. 42 Anm. 35, der ebenfalls die Vollmacht nicht zu den Gestaltungsrechten zählt.

Richtung auf den Gestaltungsgegner gibt. Man bedenke auch, daß Rechtsgeschäfte, die der Vertreter in fremdem Namen vornimmt, trotz der Vollmacht immer noch vom Vertretenen im eigenen Namen vorgenommen werden können[15]; Vertreter und Vertretener sind in diesem Sinne austauschbar. Ganz anders bei der Gestaltungserklärung, die nicht etwa auch vom Gestaltungsgegner abgegeben werden könnte.

Vor allem aber noch dies: Die Vollmacht besagt, daß der Vertreter Wirkungen in der Sphäre des Vertretenen hervorbringen *kann*. Ob er es auch *darf*, hängt von den Weisungen ab, die ihm im Innenverhältnis erteilt werden. Wenn er es nicht darf, kann man nicht gut von einem Recht nach Art eines Gestaltungsrechts sprechen. Denn der Gestaltungsberechtigte *kann* mir nicht etwa nur kündigen, sondern er *darf* es mir gegenüber auch; und umgekehrt: wenn er (mir gegenüber) nicht *darf*, dann *kann* er auch nicht; das „Kannrecht" ist immer auch ein „Darfrecht".

Nur wenn die Vollmacht ausschließlich im Interesse des Vertreters erteilt wird, mag sich die Vollmacht einem Gestaltungsrecht nähern. Die Verwendung der Vertreterkonstruktion zum eigenen Vorteil des Vertreters bdeutet aber eine „Nutzbarmachung zur Lösung einer Aufgabe, für die sie ursprünglich nicht gedacht war. Sie wird dadurch von ihrem ursprünglichen Sinne gelöst, umgewandelt, ihre Funktion wird verändert"[16]. Stellt man sich solchenfalls noch vor, daß eine unwiderrufliche Vollmacht unter Befreiung von dem Verbot des Selbstkontrahierens erteilt wird, damit der Bevollmächtigte ein Grundstück des Vertretenen an sich selber verkaufen kann, dann kann man sich nur fragen, ob darin nicht in Wahrheit die Einräumung eines Ankaufsrechts liegen würde, das der Bevollmächtigte durch einseitige Willenserklärung auszuüben in der Lage wäre[17].

---

[15] Auf das Problem der „verdrängenden Stellvertretung", dem *Müller-Freienfels* a. a. O. S. 124 ff. ein so verdienstliches Interesse widmet, braucht hier nicht eingegangen zu werden.

[16] So mit Recht *Müller-Freienfels*, a. a. O. S. 114.

[17] *Max Rümelin*, Das Selbstcontrahiren des Stellvertreters nach gemeinem Recht (1888), S. 15 ff. erblickt in der Tat in dem Selbstkontrahieren ein einseitiges Rechtsgeschäft.

Ebensowenig wie die Bevollmächtigung kann man auch die *Ermächtigung,* im eigenen Namen über das Recht des Ermächtigenden zu verfügen, als Einräumung eines Gestaltungsrechts ansehen. Dasselbe würde für die von *Bettermann,* JZ 1951, 321 ff. befürwortete *„Verpflichtungsermächtigung"* gelten, d. h. die Ermächtigung, durch Handeln im eigenen Namen einen anderen zu verpflichten. Es ist hier nicht der Ort, auf diese umstrittene Rechtsfigur einzugehen. Erkennt man sie an, dann ist sie keinesfalls zu verwechseln mit der Einräumung eines Gestaltungsrechts, kraft dessen der Berechtigte einen anderen verpflichten kann — wie z. B. der Vorkaufsberechtigte, der durch Ausübung seines Rechts den Gegner verpflichtet, ihm die Kaufsache zu übereignen[18]. Die „Verpflichtungsermächtigung" im Sinne *Bettermanns* bedeutet die Befugnis des Ermächtigten, durch Rechtsgeschäfte, die er *im eigenen Namen* Dritten gegenüber vornimmt, seinen „Hintermann" zu verpflichten; dieser selbst ist ebensowenig Gestaltungsgegner wie der Vertretene. Übrigens könnte auch derjenige, der nach §§ 315, 317 BGB den Umfang der geschuldeten Leistung bestimmt, als ein zur Verpflichtung Ermächtigter angesprochen werden; er würde aber sowenig wie der Vorkaufsberechtigte in den Rahmen der *Bettermann*schen Figur passen, weil er sich an den Ermächtigenden selbst mit einer ausdrücklichen rechtsetzenden Erklärung wendet. Gemeinsam haben beide Figuren nur dies, daß der Ermächtigte hier wie dort im eigenen Namen handelt.

5. Durchweg wird im Gefolge von *Seckel* gelehrt, daß die Offerte, sofern die Bindung an sie nicht ausgeschlossen sei, ein *Gestaltungsrecht des Empfängers der Offerte* begründe. Damit löst man aber den Vertrag praktisch in zwei einseitige Rechtsgeschäfte auf. Da Gestaltungsrechte durch einseitige Erklärung ausgeübt werden, wäre die Annahme ein einseitiges Rechtsgeschäft, nicht weniger dann aber auch die Offerte selbst. Eine solche Zerfaserung des Vertrages widerspricht der Vorstellung des Gesetzes, das ja einseitige Rechtsgeschäfte des beschränkt

---

[18] Daß und warum ich das Vorkaufsrecht als Gestaltungsrecht ansehe (und nicht mit der herrschenden Meinung von einem doppelt bedingten Kauf ausgehe), habe ich *Dölle*-Festschrift Bd. 1, S. 45 ff. näher ausgeführt; dort ist auch vom Unterschied zwischen Gestaltungsrecht und Aneignungsrecht die Rede.

Geschäftsfähigen und des vollmachtlosen Vertreters für nichtig erachtet, während Verträge solcher Personen nachträglich genehmigt werden können. Auch § 305 BGB wäre tangiert, der, indem er für die Begründung eines Schuldverhältnisses einen Vertrag verlangt, sinngemäß doch auch für die Einräumung eines Gestaltungsrechts gelten muß, kraft dessen eine Verpflichtung begründet werden kann. Derjenige, der ein Gestaltungsrecht einräumt, befindet sich ja in einer ähnlichen Situation wie derjenige, der einen Vorvertrag abgeschlossen hat, auf Grund dessen er zum Abschluß des Hauptvertrages verpflichtet ist. Dieser Umweg über den Vorvertrag wird durch die Einräumung des Gestaltungsrechts erspart.

Kann man aber die Verpflichtung zum Abschluß des Hauptvertrages nicht durch einseitige Verpflichtungserklärung begründen, dann muß das auch für die Einräumung eines Ankaufs-, eines Wiederkaufs- oder Wiederverkaufsrechts gelten — wie ja auch die Form des § 313 BGB hier zu beachten ist. In allen diesen Fällen wird im Wege des Vertrages jenes Unterwerfungsverhältnis begründet, das dann durch die Gestaltungserklärung gegenüber dem unterworfenen Gestaltungsgegner aktualisiert wird. Demgegenüber will bei der Offerte — zumindest bei der Offerte mit normaler Bindungsdauer — der Offerent sich nicht in ein Unterwerfungsverhältnis zu dem Partner begeben, sondern diesen zum alsbaldigen Vertragsschluß als einem Zusammenwirken auf gleicher Basis aufrufen; seine Bindung ist lediglich ein Stillhalten als technisches Mittel, um das Zustandekommen des Vertrages zu erleichtern.

6. Ich habe mich soeben dagegen gewehrt, von einem Gestaltungsrecht des Empfängers einer Offerte zu sprechen, das durch die Annahmeerklärung ausgeübt würde. Bei solcher Betrachtungsweise hätte man in der Offerte den das Gestaltungsrecht erzeugenden Unterwerfungsakt zu erblicken. Mit dem gleichen Recht könnte man aber umgekehrt die Offerte als Gestaltungserklärung und die Annahme der Offerte als die nachfolgende Unterwerfungserklärung ansehen. So wie die Vertretererklärung entweder durch vorherige Einwilligung (Vollmacht) des Vertretenen oder durch seine nachträgliche Genehmigung für ihn verbindlich wird, so wie der Schiedsspruch im Schlichtungsverfahren entweder

durch vorgängige oder durch nachfolgende Unterwerfung Wirksamkeit erlangt — so könnte dann auch kein Anstoß daran genommen werden, daß die in der Annahmeerklärung enthaltene Unterwerfung der in der Offerte liegenden Gestaltungserklärung nachfolgt. In die Nähe dieser Figur geraten offensichtlich diejenigen, die bei einer *Offerte unter Bezugnahme auf Allgemeine Geschäftsbedingungen* jedenfalls hinsichtlich der letzteren von einem Diktat ausgehen, dem sich der Annehmende unterwirft. Auch das Reichsgericht stand ja unter dem Eindruck einer solchen Unterwerfung unter den (meist auch wirtschaftlich übermächtigen) Vertragspartner, der die Allgemeinen Geschäftsbedingungen setzt, als es (vgl. DR 1941, 1212) den oft wiederholten Satz prägte: „Ganz allgemein gesprochen, stellt sich der Abschluß von Verträgen, die unter Bezugnahme auf oft sehr umfangreiche Allgemeine Geschäftsbedingungen geschlossen werden, kaum noch als eine echte vertragliche Vereinbarung all dieser den Vertragsinhalt bildenden Regelungen dar; sie bedeutet viel eher eine Unterwerfung unter eine fertig bereitliegende Rechtsordnung." In Wahrheit handelt es sich hier aber nur um eine *soziologische Abhängigkeit*, und *Nipperdey* hat völlig recht, wenn er[19] davor warnt, sie in das *Rechtsinstitut* einer Unterwerfung umzumünzen und daraus sachlich nicht gerechtfertigte Folgerungen für den Vertragsschluß herzuleiten. *Nipperdey* denkt hierbei insbesondere an Folgerungen auf dem Gebiet der Irrtumslehre; nicht minder würde hierher aber auch schon die Auffassung gehören, es stünden sich, soweit Allgemeine Geschäftsbedingungen im Spiele sind, Offerte und Annahme wie Gestaltungs- und Unterwerfungserklärung gegenüber[20]. Der Vertragsschluß ist eben, wie schon betont, etwas anderes als eine einseitige Rechtsetzung kraft Unterwerfung.

---

[19] Vgl. *Enneccerus-Nipperdey*, Allgemeiner Teil, 15. Aufl., Bd. 2, S. 1008 (§ 163 VI, 2).

[20] A. a. O. S. 1008 f. weist *Nipperdey* gegensätzlich auf die echte rechtsgeschäftliche Unterwerfung hin, die beim Eintritt in einen bereits bestehenden Verein gegeben ist; vgl. darüber unten III 5, wo die Entsprechung von Unterwerfung und Gestaltungsrecht im Vereinsleben herzustellen versucht wird. — Zu weit dürfte dagegen *Flume*, a. a. O. S. 168 gehen, wenn er nach Ablehnung des oben im Text wiedergegebenen Satzes des Reichsgerichts sagt: „Wer sich unterwirft, erkennt eine Herrschaft an. Das wäre aber gerade von Rechts wegen nicht zuzulassen, weil eine Preisgabe der Selbstbestimmung und die Unterwerfung unter eine Gestaltung von Rechtsverhältnissen in Fremdherrschaft als Rechtens nicht vorstellbar sind." Hier vermisse ich einen Vorbehalt zugunsten der Unterwerfung unter ein Gestaltungsrecht.

III. Das Recht zu regelnder Gestaltung (Regelungsrechte)

1. Der Ausdruck „Gestaltungsrecht" oder „Gestaltungsakt" deckt bei näherem Hinsehen einen engeren und einen weiteren Begriff.

Im engeren Sinn verbinden wir mit dem Wort „Gestaltung" etwas Konstitutives — d. h. eine Veränderung der Rechtswelt. Aus diesem Blickwinkel wurde von den Prozessualisten das konstitutive Urteil als besondere Kategorie dem Feststellungsurteil gegenübergestellt. *Seckel* betont am Anfang seiner Schrift, daß er bewußt mit dem Namen „Gestaltungsrecht" Anschluß an das Gestaltungsurteil der Prozessualisten genommen habe. „Der Terminus gleitet leicht von den Lippen, er ist sprachlich gestaltungsfähig und er vermag die erwünschte Fühlung zu gewinnen mit dem neuerdings (durch *Schrutka von Rechtenstamm, Stein, Hellwig* u. a.) für die sogenannten konstitutiven Urteile aufgekommenen Namen ‚rechtsgestaltende Urteile'."

Im weiteren Sinne verbinden wir mit Gestaltung ein schöpferisches Moment, das das konstitutive Urteil so wenig aufzuweisen hat wie das gängige Gestaltungsrecht. Das Recht zu kündigen oder anzufechten läßt dem Berechtigten nur die Wahl, die Rechtsgestaltung vorzunehmen oder zu unterlassen, und auch im Scheidungs- oder Mietaufhebungsprozeß geht der Streit nur darum, ob ein Gestaltungsrecht bejaht werden kann. Das *Wie* der Gestaltung liegt fest, und es bleibt dem Richter keine Wahl zwischen verschiedenen Gestaltungsmöglichkeiten — m. a. W. kein „Handlungsermessen". Die Dinge liegen anders im sogenannten „Regelungsstreit", wie ich ihn einmal genannt habe: in jenen der freiwilligen Gerichtsbarkeit zuzurechnenden Verfahren, in denen der Richter die Parteien zu einer angemessenen vertraglichen Regelung zu bringen sucht, notfalls aber selbst eine billige Regelung zu finden ermächtigt ist, die dann für die Parteien verbindliche Kraft hat[21].

---

[21] Vgl. hierzu meinen Beitrag zur Festschrift *Lent* (1957): „Regelungsstreitigkeiten" (S. 89 ff.). — Als Beispiel greife ich aus den zahlreichen „Vertragshilfeverfahren" die Verteilung des Hausrats nach Scheidung der Ehe heraus.

2. Eine Regelungstätigkeit in diesem Sinne begegnet auch in §§ 315 ff. BGB, die von der Bestimmung der Leistung im Schuldverhältnis durch die eine Vertragspartei oder durch einen Dritten handeln. Die sonst den Vertragschließenden gemeinsam obliegende Ausformung des Rechtsverhältnisses wird hier einem Sonderwillen übertragen — was mit Unterwerfung einhergeht. Schon *Seckel* hat dieses Leistungsbestimmungsrecht unter seine Gestaltungsrechte eingereiht und vom Bestimmungsrecht des Dritten insbesondere als einem „neutralen" Gestaltungsrecht gesprochen, weil es den Dritten nicht in die Rechtsbeziehungen der Parteien eintreten läßt. In der Tat verdient hervorgehoben zu werden, daß der Dritte im allgemeinen an der von ihm getroffenen Regelung persönlich gar nicht interessiert ist, sondern die Stellung eines Vertrauensmannes einnimmt, der gleich einem uneigennütziger Treuhänder fremde Verhältnisse ordnet.

Ich brauche hier nicht des näheren auszuführen, wie sich aus der Figur des die Leistung bestimmenden Dritten sowohl der Schiedsgutachter als auch der Schiedsrichter entwickeln lassen. Mag die Art, in der der Dritte den Parteien dienstbar gemacht wird, jedesmal eine andere sein — sie reicht von der konstitutiven bis zur kognitiven Tätigkeit und bei dieser von der bloßen Tatsachenfeststellung bis zur urteilsmäßigen Erledigung des Streitgegenstandes unter Verdrängung der ordentlichen Gerichte —: immer ist es die Unterwerfung der Parteien, die den Ausspruch des Dritten verbindlich macht. Dabei trägt die Rechtsordnung Sorge, daß je nach Art und Umfang der dem Dritten eingeräumten Macht den staatlichen Gerichten eine mehr oder weniger weitgehende Kontrolle verbleibt.

So sicher nun mit der *richterlichen Tätigkeit* des Dritten die normale Form des privaten Gestaltungsrechts bereits verlassen ist, so berechtigt und sinnvoll erscheint es, daß die Partner den Dritten auch mit einer normativen Funktion, d. h. mit der Aufstellung von Regeln betrauen können, mit einer Funktion also, die an die Tätigkeit des *Gesetzgebers* erinnert. Auch damit bleiben sie noch auf dem Boden des Privatrechts, das mit dem § 317 BGB eine ungewöhnlich trächtige Vorschrift geschaffen hat, deren Reichweite den Vätern des Gesetzes kaum bewußt war.

3. Ich denke in diesem Zusammenhang zunächst einmal an die Tätigkeit der Schlichtungs- und Einigungsstellen des kollektiven Arbeitsrechts, deren Sprüche *Normen* setzen, wie sie sonst den Gegenstand von Tarifverträgen und Betriebsvereinbarungen ausmachen. Der Ausdruck „Regelungsstreit", den ich auf den Streit um die Ordnung eines Individualverhältnisses angewendet habe, stammt von der arbeitsrechtlichen Schlichtung als Vertragshilfe zum Zustandekommen von Normenverträgen, d. h. von Verträgen, die Regeln für eine Vielzahl von Arbeitsverhältnissen zum Inhalt haben. Nun ist der Spruch des Schlichters (wenn ich von der heute fast gänzlich beiseite geschobenen Zwangsschlichtung absehe) nur verbindlich, wenn und weil die Sozialpartner sich ihm unterwerfen; es erscheint also der Dritte als Normensetzer „kraft Unterwerfung", ohne deswegen den Charakter einer staatlichen Behörde zu bekommen — sowenig ja auch die Verbände, die vor den Schlichter treten, öffentlichrechtliche Korporationen sind.

Gesetzestechnisch ist der Vorgang allerdings so, daß der Spruch des Schlichters nicht unmittelbar (nach Art einer Verordnung) an die Arbeitgeber und Arbeitnehmer ergeht, sondern (nach Art eines Verwaltungsaktes) einen Tarifvertrag zustande bringt, der erst seinerseits wieder nach Tarifrecht Wirkungen auf die konkreten Arbeitsverhältnisse äußert. Das ändert aber nichts daran, daß auf dem Boden einer privatrechtlichen Unterwerfung dem Schlichter eine Gestaltungsmacht erwächst, die eine Vielzahl von Rechtsverhältnissen ergreift. Schon hier muß sich der Zweifel an der Richtigkeit der These melden, daß nur die verbindliche Regelung von einzelnen Rechtsverhältnissen in die Domäne des Privatrechtsgeschäfts gehöre, während die verbindliche Regelung einer Vielzahl von Rechtsverhältnissen ohne weiteres in die Qualität einer objektiven Rechtsnorm umschlage, deren Schöpfung nur auf öffentlichrechtliche Ermächtigung, nämlich Delegierung gesetzgebender Gewalt, zurückgeführt werden und deren Geltung daher auch nicht mehr auf privatrechtlicher Unterwerfung beruhen könne.

4. Damit steht man aber bereits vor der Frage, ob die Geltung der Tarifnorm als solcher für die Einzelarbeitsverhältnisse nicht

auch aus der Unterwerfung der Partner der Einzelarbeitsverhältnisse hätte erklärt werden können — wobei der Unterwerfungsakt in dem Beitritt der Arbeitgeber und Arbeitnehmer zu
den die Tarifverträge abschließenden Verbänden zu erblicken
wäre. Ich sage mit Absicht „hätte erklärt werden können", weil
einerseits seit der gesetzlichen Regelung des Tarifvertragsrechts die
unmittelbare und unabdingbare Wirkung der tariflichen Regelung
auf die Arbeitsverhältnisse ausdrücklich angeordnet ist, andererseits in der weitschichtigen Literatur über Wesen und Wirkungen
des Tarifvertrages die Figur eines dem § 317 BGB entsprechenden
Gestaltungsrechts kraft Unterwerfung nie herangezogen worden
ist, um wenigstens die unmittelbare Wirkung des Tarifvertrages
auf das Einzelarbeitsverhältnis aus rechtsgeschäftlicher Sicht zu
erklären. Die Erklärungsversuche haben sich immer wieder an
den Figuren der Stellvertretung oder des Vertrags zugunsten
Dritter orientiert. Sie mußten scheitern, weil unzweifelhaft die
Tarifpartner ihren Normenvertrag nicht im Namen ihrer Mitglieder, sondern im eigenen Namen und unter eigener Verant-
wortung abschließen, andererseits aber nicht in der Lage sind,
dem Vertrag zugunsten Dritter auch einen Vertrag zu Lasten
Dritter an die Seite zu stellen. So konnte die Auffassung herr-
schend werden, daß der Tarifvertrag objektives Recht schaffe[22]
oder, wie es in § 1 Abs. 1 TVG heißt, Rechtsnormen enthalte.
Auch *Jacobi*, der sich in seinen „Grundlehren des Arbeitsrechts"
(1927) am längsten und energischsten gegen die Rechtssatzqualität
der Lohn- und Arbeitsbedingungen des Tarifvertrages gewehrt
hat (vgl. a. a. O. S. 220 ff.), ist letztlich nicht ohne Rückgriff auf
die gesetzliche Anordnung der unmittelbaren Wirkung (jetzt § 4
TVG) ausgekommen. Er hat zwar richtig erkannt, daß der Unterschied zwischen dem Rechtssatz und der Tarifnorm darin besteht,
daß der Rechtssatz ohne Rücksicht auf einen Unterwerfungswillen Geltung erheischt, während die Tarifgebundenheit der
Organisierten unverkennbar auf dem (durch den Beitritt zum
Verband betätigten) Unterwerfungswillen beruht. Aber dieser
Unterwerfungswille wird bei den Vertretern der herrschenden
Lehre nicht zum Geltungsgrund, sondern bleibt bloßes Motiv für

---

[22] Vgl. *Hueck-Nipperdey*, Lehrbuch des Arbeitsrechts Bd. 2, 6. Aufl.,
S. 261 f.

die gesetzlich ausgesprochene, auf die Organisierten begrenzte Transformierung des Tarifinhalts in die Sphäre des Einzelarbeitsvertrages.

Jacobi und, ihm neuerdings folgend, *Ramm*[23] landen praktisch bei einer „gesetzlichen" Repräsentation der Tarifgebundenen durch ihre Verbände[24] und versuchen auf diese Weise, die Einwirkung des Tarifvertrages auf die Einzelarbeitsverträge in der Ebene des Rechtsgeschäfts zu belassen. Ich habe schon oben auf den Unterschied von Stellvertretung und Gestaltungsrecht kraft Unterwerfung hingewiesen und bin der Meinung, daß, wenn man privatrechtliche Figuren für das Tarifrecht heranziehen will, wiederum § 317 BGB den Weg weist.

Als Dritten im Sinne dieser Vorschrift hat man sich die Verbände, die den Tarifvertrag abgeschlossen haben, in der Zusammenfassung zu einer Einheit zu denken. Nach ihrem Interessenkampf haben sie sich auf den Tarifvertrag geeinigt und stehen nun „wie ein Mann" hinter ihrem Werk als einem „Gesamtakt". Daß der Dritte des § 317 BGB aus mehreren Personen bestehen kann, ist ohnehin nichts Außergewöhnliches, wenn man etwa an ein Schiedsgutachtergremium denkt[25]. Der Tarifinhalt stellt die Leistungsbestimmung dar, der sich die Mitglieder der Verbände in ihrer Eigenschaft als (aktuelle oder potentielle) Partner von Einzelarbeitsverträgen unterworfen haben. Und zwar handelt es sich um die Unterwerfung unter ein *„Dauergestal-*

---

[23] In seiner Monographie „Die Parteien des Tarifvertrages: Kritik und Neubegründung der Lehre vom Tarifvertrag" (1961).

[24] *Ramm* läßt auf der Arbeitgeberseite neben dem Verband auch noch die einzelnen Verbandsmitglieder Parteien des Tarifvertrages werden, geht hier also im Sinne der „Kombinationstheorie" von einem Handeln sowohl im eigenen als auch im fremden Namen aus; aus der Stellung des einzelnen Arbeitgebers als Partners des Tarifvertrages entnimmt er zugleich die Tarifgebundenheit direkt für die Einzelarbeitsverträge (a. a. O. S. 86). Auf der Arbeitnehmerseite geht er dagegen von einer „Umbildung der individualrechtlichen Vertretung zu einer neuen sozialrechtlichen Institution" aus, kraft welcher die Gewerkschaft so handele, als sei sie mit einer „verdrängenden, unwiderruflichen Vollmacht" von seiten jedes einzelnen ihrer Mitglieder versehen (a. a. O. S. 89).

[25] Die hier im Zweifel erforderliche Einstimmigkeit im Schoße des Gremiums findet ihre Entsprechung in der Einigung der Sozialpartner auf den Tarifvertrag.

tungsrecht" in dem oben genannten Sinne, mit einander ablösenden Leistungsbestimmungen durch Tarifverträge.

Diese Unterwerfung darf übrigens nicht verwechselt werden mit einer *Bezugnahme* von Arbeitsvertragspartnern auf einen Tarifvertrag. Hierbei erklärt sich die Geltung des Tarifvertrages aus einer Individualvereinbarung, für die die kollektive Regelung nur den Stoff liefert. Ist auch insofern noch ein Anklang an die Situation des § 317 BGB gegeben, als die Maßgeblichkeit der Dritterklärung durch Vertrag begründet wird, so wendet sich doch diese Dritterklärung gerade nicht an die bezugnehmenden Außenseiter, kommt also ihnen gegenüber nicht als Ausübung eines Gestaltungsrechts in Frage. Eine solche „Gestaltungsbeziehung" zu den Betroffenen ist aber im Falle des § 317 BGB und seiner Ableitungen das entscheidende Moment, welchem gegenüber auch die gemeinsame Unterwerfung durch Vertrag als unwesentlich in den Hintergrund tritt. Daher braucht man sich nicht daran zu stoßen, daß die Unterwerfungserklärungen der Arbeitgeber und Arbeitnehmer sich in den jeweiligen *voneinander unabhängigen Beitrittserklärungen* zu den Verbänden manifestieren. Genug, daß sie mit dem eindeutigen Sinngehalt vorliegen, es sollten alle bereits bestehenden oder noch abzuschließenden Arbeitsverträge zwischen den Organisierten ihren jeweils maßgeblichen Inhalt von den seitens der Verbände auszuhandelnden Tarifverträgen empfangen[26].

Da das eingeräumte Gestaltungsrecht sich auf eine unbestimmte Vielzahl zu gestaltender Rechtsverhältnisse bezieht, so ist es ein „*normatives*". Ein solches normatives Gestaltungsrecht ist mit

---

[26] Die Beitrittserklärung des Verbandsmitgliedes enthält eine doppelte Unterwerfung: einmal die übliche Unterwerfung unter die Vereinsgewalt, deren Umfang sich aus der Satzung ergibt; sodann die unmittelbare Unterwerfung unter die Bestimmung des Dritten (d. h. der beiden Tarifpartner), wie sie sich in der Tarifnorm niederschlägt. Diese zweite Unterwerfung steht selbständig neben der ersten. Sie umfaßt ja auch das Handeln des Gegenverbandes. Daß die Gültigkeit des Tarifvertrages anderen Maßstäben unterliegen muß als ein beliebiges „Verkehrsgeschäft" eines Vereins, darüber weiter unten. Daß auch die zweite Unterwerfung (diejenige unter die Tarifnorm) bei dem Adressaten der ersten „hinterlegt" wird, findet ein interessantes völkerrechtliches Gegenstück aus der jüngsten Zeit: der Beitritt zu dem Abkommen über die Einstellung der Atomwaffenversuche wird, je nach der ideologischen Ausrichtung, sowohl in Moskau als auch in Washington erklärt.

Wesen und Wirkungen des Rechts*geschäfts* durchaus nicht unvereinbar, wenngleich die Vielzahl der geregelten oder noch zu regelnden Rechtsverhältnisse die Figur des Rechts*satzes* ins Spiel bringen möchte. Allein man braucht nur an die Abtretung künftiger Forderungen oder an den Schiedsvertrag über künftige Rechtsstreitigkeiten aus einem bestimmten Rechtsverhältnis (vgl. § 1026 ZPO) zu denken, um sich überzeugen zu lassen, daß auch dem Rechtsgeschäft in seiner Zielsetzung ein normatives Element beigelegt werden kann, sofern nur die betroffenen Lebenssachverhalte hinreichend bestimmt oder doch wenigstens bestimmbar sind. An dieser Bestimmbarkeit mangelt es im Tarifrecht weder nach der subjektiven noch nach der objektiven Seite.

Seitdem sich freilich die Gesetzgebung des Tarifvertragsrechts angenommen hat, wird das aus der Unterwerfung der Verbandsmitglieder erwachsende normative Gestaltungsrecht der Tarifpartner überdeckt durch die ausdrückliche Anordnung der unmittelbaren Verbindlichkeit und Unabdingbarkeit der tariflichen Arbeitsbedingungen. Dem längst so genannten „normativen Teil" des Tarifvertrages ist durch das Tarifvertragsgesetz vom 9. April 1949 ausdrücklich die Qualität von Rechtsnormen verliehen worden (vgl. § 1 Abs. 1 TVG). Angesichts dieser Einordnung, die man doch nicht als unverbindliches Etikett beiseite schieben kann[27], ist für das Tarifrecht der Streit über den Geltungsgrund des Tarifinhalts „zur Hauptsache erledigt". Infolge der Verleihung des Normsetzungsrechts „von oben her" braucht nicht mehr auf die Unterwerfungserklärungen der Organisierten und deren Umfang zurückgegriffen zu werden. Das ist um so wichtiger, als die Wirkungen des Tarifvertrages über die Organisierten als die eigentlich „Tarifgebundenen" hinausgreifen können, nämlich bei den sogenannten Solidarnormen, d. h. den Normen über betriebliche und betriebsverfassungsrechtliche Fragen, die für alle Betriebe gelten, deren Arbeitgeber tarifgebunden sind, mögen auch die Arbeitnehmer es nicht sein (vgl. § 3 Abs. 2 TVG). Es wäre mißlich, wenn die Geltung der Tarifnorm gegenüber Organisierten und Außenseitern auf verschiedene Geltungsgründe zurückgeführt werden müßte — das eine

---

[27] Dies gegen *Ramm*, a. a. O. S. 1 f.

Mal auf rechtsgeschäftliche Unterwerfung, das andere Mal auf gesetzliche Delegation[28].

Jener „zur Hauptsache erledigte" Streit hat freilich nach wie vor dogmengeschichtliches Interesse; insoweit bleibt auch die Frage wach, ob *Hueck* mit seiner bereits 1920[29] aufgestellten These recht hatte, daß „die automatische Wirkung des Tarifvertrages sich auf Grund des bisherigen Privatrechts nicht begründen lasse". Die Argumente dafür, daß man hier den Boden des Privatrechts verlassen müsse, waren in erster Linie auf die Unabdingbarkeit gemünzt, wie ja auch für *Nipperdey* offensichtlich der zwingende Charakter der Tarifnormen ein Hauptgrund war, um diese aus dem Bereich des Rechtsgeschäfts auszugliedern und in der Ebene objektiven Rechts anzusiedeln[30].

In der Tat scheint es auf den ersten Blick kaum vorstellbar, daß die Parteien des Arbeitsvertrages rein auf dem Boden des Privatrechts, d. h. ohne ausdrückliche gesetzliche Statuierung der Unabdingbarkeit, sich der Gestaltung durch die Tarifpartner derart unterwerfen könnten, daß sie sich auch des Rechts bege-

---

[28] Um so verwunderlicher ist es, daß die herrschende Meinung — vgl. *Nipperdey*, a. a. O. S. 286 Anm. 2 und S. 320 (§ 21 IV); *Nikisch*, Bd. 2, S. 238 (§ 70 I 3) — trotz der gesetzlichen Delegation offenbar alle Beschränkungen respektieren will, die sich aus den Verbandssatzungen für die Vertretungsmacht der Organe (sei es des Arbeitgeberverbandes, sei es der Gewerkschaften) ergeben, anstatt hier von einem gesetzlichen Umfang der Vertretungsmacht (ähnlich der Prokura) auszugehen.

[29] In seiner Schrift „Das Recht des Tarifvertrages unter besonderer Berücksichtigung der Verordnung vom 23. Dezember 1918"; vgl. daselbst S. 98.

[30] Vgl. a. a. O. S. 261 f.: „Der Inhalt des normativen Teils ist *objektives Recht*, weil er nicht subjektive Rechte und Pflichten wie bei Rechtsgeschäften schafft, sondern normalerweise eine unbestimmte Vielheit von Rechtsverhältnissen, losgelöst von den Besonderheiten des einzelnen Rechtsverhältnisses, regelt, weil diese Regelung im Einzelfall *unabhängig vom Willen der Beteiligten* (der Tarifunterworfenen) wirkt, und weil endlich eine unmittelbare und zwingende Wirkung von Regeln für Rechtsgeschäfte das Wesen des ius cogens (des objektiven zwingenden Rechts) ausmacht." Der zweite Beweisgrund (Wirkung der Regelung unabhängig vom Willen der Beteiligten) läßt dem Zweifel Raum, ob gemeint ist „auch gegen den Willen" oder „ohne Rücksicht auf ausdrückliche Unterwerfung". Das letztere ist nur richtig, wenn man mit *Nipperdey* dem Beitritt der Organisierten zu ihrem Verband jede Bedeutung für die Geltung der Tarifnorm abspricht; dazu des näheren die ausführliche Auseinandersetzung mit *Jacobi*, a. a. O. S. 264 Anm. 23. — Daß der erste Beweisgrund (die Normativität) nicht zu der Annahme eines Rechtssatzes zwingt, habe ich oben im Text schon dargelegt.

ben, diese Gestaltung im beiderseitigen Einverständnis beiseite zu setzen. Gerade im Bereich des § 317 BGB, den wir doch im vorstehenden zur Erklärung der Funktion des Tarifvertrages herangezogen haben, ist es ja so, daß die Parteien sich von der durch den Dritten bewirkten Gestaltung zugunsten eines nunmehr von ihnen selbst einverständlich gefundenen Vertragsinhaltes lösen können; ihre Unterwerfung unter die Drittgestaltung hat nur die Folge, daß die Bestimmung durch den Dritten *zunächst* maßgebend ist und sich gegenüber dem Versuch *einseitigen* Abgehens durchsetzt. Gegen den Verzicht auf *einverständliches* Abgehen scheint das Prinzip des § 137 BGB zu sprechen; freilich muß offen bleiben, ob die Dinge nicht ein anderes Gesicht gewinnen, wenn dem Dritten über die bloße *Möglichkeit* der Gestaltung hinaus ein *Interesse* an ihr zugebilligt werden muß. Nur dann könnte wohl auch von einem *echten* Gestaltungsrecht des Dritten gesprochen werden, dem es entspricht, daß es bei der herbeigeführten Gestaltung auch verbleiben muß, falls nicht zugleich der Dritte zustimmt[31]. Geht man nun von einem dem § 317 BGB ähnlichen Gestaltungsrecht der Tarifvertragsparteien aus, so läßt sich ein eigenständiges Interesse dieser Parteien gar nicht in Abrede stellen: und zwar ein Interesse nicht nur daran, daß die Einzelarbeitsverträge die gewünschte Gestaltung erfahren, sondern auch daran, daß sie die erfahrene Gestaltung auch beibehalten. Dieses Interesse an der Unabdingbarkeit der Gestaltung ist letztlich das gemeinsame Interesse der in den Verbänden Organisierten, weil bei Abdingbarkeit die Zwecke des Tarifvertrages weder für die Arbeitnehmer noch für die Arbeitgeber erreicht werden könnten. Wiederum bemessen sich Inhalt und Tragweite des Gestaltungsrechts an dem Sinne der Unterwerfung, mit der die Organisierten die Erreichung des verfolgten Zieles erkaufen müssen.

---

[31] *Seckel* (Festschrift *Koch* S. 264, Sonderausgabe S. 17 f.) nannte das Bestimmungsrecht des Dritten gemäß § 317 BGB ein „neutrales" Eingriffsrecht, „dessen Ausübung die eigene Rechtssphäre durchaus unberührt läßt, ihr also weder Vorteil noch Nachteil bringt". Können die Dinge nicht aber auch so liegen, daß der Dritte an der Gestaltung der fremden Rechtssphäre interessiert ist — wie z. B. der Ehemann an der ihm durch den alten § 1358 BGB gestatteten Kündigung von Arbeitsverträgen der Frau? Freilich konnte diese Kündigung nicht verhindern, daß die Frau einen neuen Arbeitsvertrag schloß; das lag aber an der Erschöpfung des (durch den gekündigten Arbeitsvertrag individualisierten) Gestaltungsrechts.

Oben ist von sogenannten „Muttergestaltungsrechten" in dem
Sinne gesprochen worden, daß sie das Recht zu wiederholten, einander ablösenden Gestaltungen gewähren. Für die Tarifsituation
würde das heißen, daß die Unterwerfung der Organisierten sich
nicht nur auf einen, sondern auf die sich ablösenden Tarifverträge bezieht. Die Vorstellung eines Weisungs- oder Führungs-
rechts, wie ich es oben nannte, verlangt aber, daß einer solchen
Weisung oder Führung *fortdauernd* gehorcht werde, und daß
diejenigen, die sich der Führung anvertrauen und zugleich unterwerfen, sich nicht untereinander von dem Gehorsam entbinden
können. Gerade der Arbeitnehmer soll ja durch diese Führung
vor Verzichten bewahrt werden. Der Gehorsam kann nicht ge-
brochen, er kann nur aufgekündigt, d. h. die Unterwerfung kann
durch Austritt aus dem Verband beendet werden[32]. Dieses
Korrektiv muß bei der Beurteilung der Zulässigkeit privatrechtlicher Unterwerfung mit Dauercharakter immer im Auge behal-
ten werden. Es begegnet in § 39 BGB ebenso wie beispielsweise
auch in § 624 BGB. — Im übrigen kann das Problem der privatrechtlichen Unabdingbarkeit hier nur gestreift werden[33]. Der
Verzicht auf eigene Gestaltung zugunsten eines Dritten hat eine
gewisse Verwandtschaft mit der Figur der „verdrängenden Stellvertretung", von der bereits oben die Rede war.

---

[32] Wenn § 3 Abs. 3 TVG bestimmt, daß die Tarifgebundenheit bestehen
bleibt, bis der Tarifvertrag endet, so steht das für die zweite der oben (Anmerkung 26) aufgezeigten Unterwerfungserklärungen auf gleicher Linie wie
die Festsetzung einer Kündigungsfrist.

[33] Immerhin mag daran erinnert werden, daß *Dietz* in seiner Schrift „Die
Berufung auf den Tarifvertrag" (1933) für den gemäß § 1 Abs. 2, letzter
Halbsatz der Tarifvertragsverordnung vom 23. Dezember 1918/1. März
1928 „unter Berufung auf den Tarifvertrag" abgeschlossenen Arbeitsvertrag
die Auffassung vertreten hatte, daß diese Berufung sogar im Einverständnis
der Parteien nicht rückgängig gemacht werden könne, daß es vielmehr des
Abschlusses eines neuen Arbeitsvertrages bedürfe, um sich den Wirkungen des
Tarifvertrages (also namentlich der Unabdingbarkeit) zu entziehen. Diese
Auffassung konnte schwerlich überzeugen. — Unserem jetzigen Tarifvertrags-
recht ist die schillernde Rechtsfigur des § 1 Abs. 2, letzter Halbsatz TarifVO
fremd. Sie geht in eine echte Unterwerfung erst dann über, wenn man mit
dem Entwurf eines Tarifvertragsgesetzes von 1921 verlangt, daß die Parteien
des Tarifvertrages ihr zustimmen — wodurch nicht allein die Erklärung der
Außenseiter ihre wesensmäßige Richtung erfährt, sondern auch die erforderliche „Gestaltungsbeziehung" hergestellt wird, von der oben im Text die
Rede war.

Man hat des öfteren darauf hingewiesen, daß die Geltung der Tarifnormen für die Einzelarbeitsverhältnisse dann ohne Schwierigkeit vom allgemeinen Privatrecht her hätte erklärt werden können, wenn die Arbeitgeber und Arbeitnehmer nicht in zwei verschiedenen Korporationen zusammengefaßt einander als Partner gegenüberstünden, sondern wenn sie Mitglieder einer einzigen umfassenden *Tarifgemeinschaft* wären[34].

Ich will ganz dahingestellt sein lassen, ob bei einem solchen Rückgriff auf das Vereinsstatut wirklich die Unmittelbarkeit und Unabdingbarkeit der Tarifnormen erklärt werden könnten; denn es kann ja nicht übersehen werden, daß solche Tarifnormen doch nicht zur Regelung der Mitgliedschaftsverhältnisse bestimmt wären, sondern zur Regelung von Rechtsverhältnissen (Arbeitsverhältnissen), in denen die Mitglieder ganz unabhängig von ihrer Vereinszugehörigkeit stehen. Man müßte sich dann schon zu der These durchringen, daß die Regelung dieser „Außenverhältnisse" um deswillen, weil sie gerade den Vereinszweck ausmache[35], der Regelung der Mitgliedschaftsverhältnisse gleichzustellen sei. Wie dem aber auch sei: es wird hier doch immerhin die Möglichkeit zugegeben, daß man zu einer Regelung von Rechtsverhältnissen durch einen Dritten gelangen kann, ohne daß auf besondere staatliche Delegation dieses Dritten zurückgegriffen zu werden brauchte. Daß aber die Vereinssatzung in der Ebene des Rechtsgeschäfts bleibt und nicht den Rechtssätzen zuzurechnen ist, wird gerade von *Nipperdey* mit aller Entschiedenheit vertreten[36], der übrigens zum Beweis dafür, daß es solche rechtsgeschäftlichen Unterwerfungsverhältnisse gebe, die §§ 315

---

[34] Vgl. z. B. *Jacobi*, a. a. O. S. 251 f., aber auch *Nikisch*, Arbeitsrecht, 2. Aufl., Bd. 2, S. 214 zu N. 26.

[35] Man mag sich einmal vorstellen, daß Personen, die teils Mieter, teils Vermieter sind, einen Verein zur „Befriedung" des Mieter-Vermieter-Verhältnisses gründen, in Verfolg dieses Vereinszwecks einen Mustermietvertrag ausarbeiten lassen und sich verpflichten, für alle zwischen ihnen bestehenden oder in Zukunft entstehenden Mietverhältnisse die Bestimmungen des Mustermietvertrages maßgebend sein zu lassen. Die Frage nach der Unmittelbarkeit und Unabdingbarkeit des Mustermietvertrages müßte dann beantwortet werden, ohne daß man sich auf eine dem § 4 Abs. 1 Satz 1 TVG entsprechende Gesetzesvorschrift stützen könnte.

[36] Vgl. *Enneccerus-Nipperdey*, a. a. O., Bd. 1, S. 280 f. (§ 44 IV), S. 651 f. (§ 108 II).

bis 317 BGB anführt[37]. Für *Nipperdey* hätte der Blick auf § 317 BGB Anlaß zu der Erwägung sein können, ob es nicht auch außerhalb des Vereins kollektive Unterwerfungen unter Regelungen gebe — kollektiv in dem Sinne, daß eine Vielzahl von Arbeitnehmern und Arbeitgebern sich Regelungen unterwerfen, die im Zusammenwirken ihrer Organisationen getroffen werden. Anknüpfungspunkt für solche privatrechtlichen Unterwerfungen gibt eben nicht nur die Korporation, sondern auch § 317 BGB, dessen Figur es zuläßt, daß sich viele Einzelvertragspartner nebeneinander unterwerfen und daß die gestaltende Erklärung des Dritten aus einem Vertragsschluß (der Tarifvertragsparteien) hervorgeht. Der schillernde Begriff der Tarifgemeinschaft ist das Aushilfsmittel derjenigen, die die sich Unterwerfenden nicht anders als in einem und demselben Gemeinschaftsverhältnis befindlich sehen können — wie ja auch § 317 BGB davon ausgeht, daß die sich dem Dritten Unterwerfenden in einer Vertragsgemeinschaft stehen. Es gilt aber zu erkennen, daß gemeinsame Unterwerfungen nicht notwendig ein Gemeinschaftsverhältnis voraussetzen, das sämtliche sich Unterwerfenden ergreift[38].

5. Freilich tritt die Unterwerfung dann, wenn ein Gemeinschaftsverhältnis zugrunde liegt, besonders plastisch hervor. Ich kann mir nicht versagen, hier die — uns auch sprachlich ganz geläufige — *Unterwerfung der Mitglieder eines Vereins unter die*

---

[37] A. a. O. Bd. 1, S. 652.

[38] Wenn *Bogs*, RdA 1956, 5 die Tarifnorm als autonomes Verbandsrecht auffaßt, wobei die „zur autonomen Rechtsetzung fähige Gemeinschaft" aus den beiden Sozialpartnern gebildet sein soll, die sich zum Abschluß des Tarifvertrages zusammenfinden (dagegen *Nipperdey* bei *Hueck-Nipperdey*, Lehrb. des Arbeitsrechts, 6. Aufl., Bd. 2, S. 263 f. Anm. 21), so bleibt unklar, ob Verbandsmitglieder nur die Tarifpartner oder aber sämtliche Tarifunterworfenen sein sollen. Die Rechtsetzung erfolgt ja für die letzteren, während die Gemeinschaftsbeziehung (Tarifgemeinschaft) nur zwischen den Tarifpartnern (Organisationen) hergestellt wird. An der Vorstellung *Bogs'* ist soviel allerdings richtig, daß die Verbindlichkeit der Tarifnormen zurückgeht auf die Unterwerfung sämtlicher Organisierten und sich im Effekt nicht von der Verbindlichkeit einer Vereinssatzung unterscheidet, die (wie gleich zu zeigen sein wird) auf der Unterwerfung der Vereinsmitglieder beruht. Sieht man in der Vereinssatzung autonomes Recht, dann kann man auch dem Tarifvertrag nicht gut dieselbe Qualität absprechen; wer aber (mit *Nipperdey*) der Vereinssatzung rechtsgeschäftlichen Charakter beimißt, der sollte auch bei der Tarifnorm nicht den rechtsgeschäftlichen Charakter leugnen, solange nicht eine ausdrückliche Gesetzesnorm, wie jetzt das TVG, die Rechtssatzqualität begründet.

Vereinsgewalt zur Erläuterung heranzuziehen. Ich bin der Ansicht, daß diese Unterwerfung sich mit der Figur des § 317 BGB nicht nur vergleichen, sondern, wenn man will, sogar auf denselben Nenner bringen läßt. Man darf dann freilich nicht bei der bloßen Technik des § 317 BGB stehen bleiben, sondern muß sich gegenwärtig halten, daß der Dritte, der das Gestaltungsrecht ausübt, im Vereinsrecht ebenso wie im Tarifrecht ein „interessierter" Dritter ist.

Diejenigen, die einen Verein mit einer Satzung gründen, aber auch diejenigen, die dem Verein später beitreten, unterwerfen sich im Hinblick auf die Satzung den Beschlüssen, die die Vereinsorgane nach den von der Satzung aufgestellten Regeln fassen und kundtun. Nur so kann ja der Zusammenschluß funktionieren und der Vereinszweck erreicht werden. Die Mitglieder — für die Gesellschafter, die den Gesellschaftsvertrag abschließen, gilt übrigens meiner Ansicht nach nichts anderes — bedürfen eines „Dritten", der ihre Mitgliedschaft aktiviert und ihnen insoweit immer wieder „Recht setzt". An und für sich müßten die Mitglieder stets von neuem zusammentreten, um gemeinsame Entschließungen zu fassen — die aber der Zustimmung aller bedürften. Da ein solches Verfahren sich praktisch verbietet, überlassen die Mitglieder die Ausgestaltung bzw. Konkretisierung ihrer Beziehungen einem Organ, das, wenn es ein mehrgliedriges ist (wie stets die Mitgliederversammlung), Mehrheitsbeschlüsse gemäß der Satzung faßt. Diese Mehrheit eben ist der „Dritte", dessen Anordnungen sich die Mitglieder unterworfen haben. Daß unsere Dogmatik sich bemüht, den Beschluß vom Vertrag zu unterscheiden, gewinnt, so gesehen, vollends einen guten Sinn. Auch diejenigen, die im positiven Sinne abstimmen, schließen keinen Vertrag miteinander, hinter dem ein gegenseitiger Verpflichtungswille stünde oder der als der eigentliche Grund der Verbindlichkeit dessen, was beschlossen ist, in Frage käme. Gebunden werden ja nicht nur diejenigen, die „dafür", sondern auch diejenigen, die „dagegen" waren; daß aber sämtliche Mitglieder gebunden sind, liegt an der Unterwerfung der Mitglieder unter die *Satzung*. Sie deckt sämtliche ordnungsgemäß zustande gekommenen Beschlüsse, sofern sie sich im Rahmen des Vereinszwecks halten. Daß die Mehrheit der Mitglieder sich geeinigt hat, ist nur die Voraussetzung dafür, daß der *Gesamtakt,* mit dem der „Dritte" in Form des Beschlusses an *alle* Vereinsmitglieder herantritt, als verbindlich anerkannt wird. Daß in der Mitgliederversammlung die Vereinsmitglieder selbst abstimmen, kann kein Hindernis sein, die Mitgliederversammlung als „Dritten" anzusprechen: als die den Beschluß Fassenden erheben sich die Mitglieder gewissermaßen über sich selbst als die von dem Beschluß Betroffenen. In ihrer Verbundenheit verkörpern sie den Kollektivwillen gegenüber dem Individualwillen. — Auch der Unterschied von Vertretung und Drittbestimmung im Sinne des § 317 BGB bewährt sich. Der Beschluß gestaltet die inneren Verhältnisse des Vereins, betrifft die Geschäftsführung, wirkt aber nicht nach außen. Ausgeführt wird der Beschluß durch Rechtsgeschäfte, die das zuständige Vereinsorgan auf Grund der ihm eingeräumten Vertretungsmacht Dritten gegenüber vornimmt. Die daraus resultierende Bindung des Vereins oder der persönlich haftenden Gesellschafter hat nichts zu tun mit der Bindung der Mitglieder an Beschlüsse der Organe im Innenverhältnis, die ja auch häufig genug sich gar nicht auf vorzunehmende Rechtsgeschäfte des Vereins im Außenverhältnis beziehen, sondern im Normverhältnis sich erschöpfen, wie etwa die Erhöhung der Mitgliedsbeiträge u. ä. m.

Daß sich Vereinsbeschlüsse — nicht anders als die Satzung — an eine Vielheit von Personen wenden und auch für eine Vielzahl von Sachverhalten (man denke an die Regelung der Benutzung von Vereinseinrichtungen) gelten können, macht jenen normativen Charakter aus, der so leicht dazu verführt, die Vereinssatzung und die Vereinsbeschlüsse dem Bereich des objektiven Rechts zuzurechnen, sei es auch nur in Gestalt „autonomen Rechts"[39]. Wenn demgegenüber die rechtsgeschäftliche Natur dieser Akte behauptet wird, so meist mit der Begründung, daß sie unmittelbare Wirkung nur auf die Korporation und ihre Mitglieder äußerten. Der wahre Grund für die rechtsgeschäftliche Natur liegt aber darin, daß sich die Geltung dieser Beschlüsse wie schon der Satzung aus der Unterwerfung der Mitglieder erklärt, die Le-

---

[39] Etwa in dem Sinne der „genossenschaftlichen Rechtstheorie"; über deren Rechtssatzbegriff — im Gegensatz zu dem engeren, der als oberste Quelle der Rechtsetzung nur den Staat anerkennt, welcher freilich seine Rechtsetzungsmacht delegieren kann — vgl. *Jacobi,* a. a. O. S. 78 ff.

gitimation zum Erlaß solcher Normen also auf dem in rechtsgeschäftlichen Erklärungen zum Ausdruck gekommenen Willen der
Normadressaten beruht — wohingegen das Gesetz einer solchen
besonderen Legitimation nicht bedarf. Die Obrigkeit, die Gewalt
über uns hat, kann mit dem Inhaber eines Gestaltungsrechts, das
ihm die Gestaltungsgegner selbst verliehen haben, kaum verwechselt werden — es sei denn, wir bewegten uns noch in der
Vorstellung eines Staatsvertrages und Unterwerfungsvertrages
der Staatsbürger in Analogie zur Vereinsgründung.

6. Die Heranziehung des in § 317 BGB begegnenden Gestaltungsrechts zur Erklärung der Verbindlichkeit der Tarifnormen
für die Einzelarbeitsverträge sowie der Vereins- (oder auch Ge-
sellschafter-) Beschlüsse für die Vereinsmitglieder (oder Gesellschafter) sollte deutlich machen, daß es sich hier um eine von
vornherein als notwendig erkannte „ausfüllende" Gestaltung
handelt, ohne die das von den Beteiligten gesteckte Ziel gar
nicht zu erreichen ist. Insoweit es sich hier um ein Dauerziel
handelt, kann man von einer „routinemäßigen" Ausfüllung
sprechen — beim Verein durch die wiederkehrenden Vereinsbeschlüsse, beim Tarifvertrag durch die Ausrichtung der von den
Tarifunterworfenen untereinander jeweils abgeschlossenen Einzelarbeitsverträge. Von dieser „routinemäßigen" Ausfüllung in
Verfolg des Tarifvertrages bzw. der Vereinssatzung ist zu unterscheiden die *Umgestaltung* des Tarifvertrages bzw. der Satzung
selbst, die ebenfalls in die Hand eines Dritten gelegt sein kann.
Beim Verein wird dieser Unterschied nur sichtbar in der qualifi-
zierten Mehrheit, die das Gesetz für Satzungsänderungen aufstellt
(§ 33 BGB): ein *anderer* „Dritter" ist hier zur Gestaltung berufen.
Deutlicher wird der Unterschied bei der Gesellschaft. Hier gedenkt
das Gesetz nur der „routinemäßigen" Ausfüllung und billigt da-
hingehende Mehrheitsbeschlüsse, wenn sie im Gesellschaftsvertrag
vorgesehen sind (§ 709 Abs. 2 BGB). Dagegen wird nicht gesprochen von einer Änderung des Gesellschaftsvertrages, weil
hier — ebenso wie beim Tarifvertrag — von dem allgemeinen
Prinzip ausgegangen wird, daß Vertragsänderungen der Zustimmung aller Vertragspartner bedürfen. Interessant ist nun aber
in diesem Zusammenhang, daß die Rechtsprechung (vgl. BGHZ 8,
39 mit weiteren Angaben aus der reichsgerichtlichen Judikatur)

anerkennt, es widerspreche „grundsätzlich nicht dem personalistischen Charakter der Handelsgesellschaften, wenn die Abänderung des Gesellschaftsvertrages durch ausdrückliche Bestimmung einem Mehrheitsbeschluß der Gesellschafter übertragen wird. Es kann auf diese Weise selbst die Gestaltung der Grundlagen der Gesellschaft, wie die Änderung des Gesellschaftszwecks, die Bestimmung über die Höhe der Beiträge sowie die Auflösung der Gesellschaft, in einer bestehenden Gesellschaft im allgemeinen durch einen Mehrheitsbeschluß vorgenommen werden ...“ Es ist hier nicht anders, als wenn gemäß § 317 BGB die Vertragsparteien auch eine Abänderung des Vertrages in die Hand des Dritten legen; das kann auch bei einem Tarifvertrag in der Weise vorkommen, daß der Tarifinhalt durch eine paritätische Kommission abgeändert werden kann — wie denn überhaupt die Sozialpartner einem solchen Dritten die Festlegung des Tarifinhalts übertragen können[40]. Dieser Sonderfall der Unterwerfung der *Parteien des Tarifvertrages* unter einen Dritten gemäß dem hier offen zutage liegenden § 317 BGB ist keinesfalls zu verwechseln mit der Unterwerfung der Parteien des Einzelarbeitsvertrages, die wir aus deren vorherigem Beitritt zu ihren Verbänden erschlossen haben: im einen Fall handelt es sich um die Gestaltung des Tarifvertrages, im anderen Falle um die Ausrichtung des Arbeitsvertrages.

Die soeben zitierte Entscheidung des BGH führt auch eindringlich vor Augen, daß das in Anspruch genommene Gestaltungsrecht sich auf eine eindeutige und bewußte Unterwerfung muß stützen können. Heißt es doch a. a. O. S. 41 weiter: „Das Reichsgericht hat unter Billigung der Rechtslehre in ständiger Rechtsprechung die Auffassung vertreten, daß es für den Fall einer Erhöhung der Beiträge durch einen Mehrheitsbeschluß nicht genüge, wenn der Gesellschaftsvertrag allgemein Abänderungen des Vertrages durch eine Dreiviertelmehrheit vorsehe, daß vielmehr darüber hinaus der Gesellschaftsvertrag auch zum Ausdruck bringen müsse, daß gerade für die Beitragspflicht die Sonderregelung des § 707 BGB nicht gelten solle (RGZ 91, 166; 151, 321; 163, 385). Dieser Rechtsprechung liegt der zutreffende

---

[40] Vgl. *Nipperdey* bei *Hueck-Nipperdey*, a. a. O. S. 317, wo auch das Formproblem behandelt wird.

Gesichtspunkt zugrunde, daß eine unbeschränkte Unterwerfung der Minderheit unter den Willen der Mehrheit, soweit sie sich im Rahmen des rechtlich Erlaubten (§ 138 BGB) hält, einer besonders sorgfältigen Prüfung in der Richtung bedarf, ob auch wirklich der erklärte Wille der Gesellschafter bei der Vielgestaltigkeit und der weittragenden Bedeutung der in Betracht kommenden Beschlußgegenstände jeden dieser Gegenstände erfaßt hat."

Hier kommt wiederum deutlich die schon oben[41] hervorgehobene genaue Entsprechung zum Ausdruck, die zwischen dem Gestaltungsrecht und der Unterwerfung des das Gestaltungsrecht Einräumenden bestehen muß: nur soweit vermag das Gestaltungsrecht zu tragen, wie eine zweifelsfreie Unterwerfung vorliegt. „Zweifelsfrei" ist freilich nicht gleichbedeutend mit „ausdrücklich". Es gibt auch schlüssige Unterwerfungen — und das gerade beim Beitritt zu einer Korporation, wo immer wieder die Frage des *Ausschlusses eines Mitglieds* zur Ermittlung der Tragweite des Gestaltungsrechts nötigt, das die Korporation bei einem solchen Ausschluß handhabt. Wenn die Rechtsprechung in der Nachprüfung des Ausschlusses Zurückhaltung übt — sich etwa auf die Beobachtung der satzungsmäßigen Formalien beschränkt und im übrigen je nach den Bestimmungen der Satzung es bei dem Ermessen und den Feststellungen der Vereinsorgane bewenden läßt —, so handelt es sich nicht, wie die übliche Formel von der Respektierung der Vereinsautonomie leicht vermuten läßt, um einen Rückzug der Gerichte vor einer Art Gewaltenteilung[42], sondern vielmehr um die Feststellung des mehr oder weniger gebundenen Gestaltungsrechts des Vereins, d. h. aber der Tragweite der Unterwerfung des Mitglieds, die auch ein Ermessen des Vereinsorgans decken kann.

---

[41] Text nach Anmerkung 11.

[42] Auch die Frage, ob die Geltung des Verwaltungsakts von seiner Rechtmäßigkeit abhängig sei, oder ob auch ein verfassungswidriges Gesetz gelte, ist lange genug unter der Formel eines richterlichen Nachprüfungsrechts ventiliert worden: ein Normenproblem (Verhältnis der Verfassung zum einfachen Gesetz oder des Gesetzes zum Verwaltungsakt) erschien im Gewande eines Gewaltenteilungsproblems (Verhältnis der richterlichen zur gesetzgebenden Gewalt oder der ordentlichen Gerichte zur Verwaltung). Vgl. dazu meine „Kritischen Beiträge zur Lehre von der materiellen Rechtskraft im Zivilprozeß" (1930), S. 20 ff.

Schon in meinem Beitrag zur *Dölle*-Festschrift habe ich mich
bemüht, neben dem „instrumentalen" den „funktionalen" Gehalt
der Gestaltungsrechte herauszuarbeiten. Das führte für die sogenannten „negativen" Gestaltungsrechte wie Anfechtung, Kündigung, Rücktritt zu der Erkenntnis, daß gegenüber der Funktion
dieser Befugnisse, nämlich Rechtsverhältnisse abzuschütteln, die
Frage nach der Art der Ausübung, ob durch einseitiges Rechtsgeschäft oder durch Klage, zweitrangig sei, ja daß dieselbe Funktion auch von einem Anspruch, nämlich auf Abschluß eines Auf-
hebungsvertrages, übernommen werden könne. In den vorstehenden Betrachtungen, die überwiegend den „ausfüllenden"
Gestaltungsrechten gelten, taucht als Instrument nur die Willenserklärung auf; die Funktion ist eine positive und regelnde. Damit
ist ein schöpferisches Moment gegeben, weil es gilt, angesichts
einer Vielzahl denkbarer Lösungen die passendste zu finden.
Der Gestaltende betätigt ein „Handlungsermessen". Werden auf
derselben Grundlage immer neue, sich ablösende Entscheidungen
von ihm verlangt, so kommt er in eine Führungsposition; erst
recht dort, wo die Gestaltung eine Vielzahl von bestehenden
oder erst entstehenden Rechtsverhältnissen ergreift und damit
normativen Charakter annimmt. Hier wird die Nähe zur Verordnung spürbar. Aber auch schon die Einzelgestaltung findet
ihre Parallele in öffentlichrechtlichen Akten: Befehl, Verfügung,
Verwaltungsakt. Das verbindende Element ist die Unterwerfung
— wenn auch mit unterschiedlicher Gewichtsverteilung auf
„Unterworfensein" und „Unterwerfungsakt". Sie hat nur im
Bereiche des Privatrechts noch nicht die genügende Beachtung
gefunden, ist uns namentlich noch nicht hinreichend bewußt
geworden als „Widerlager" des Gestaltungsrechts. Umgekehrt,
so will mir scheinen, bedient sich das öffentliche Recht noch
zuwenig der Figur des Gestaltungsrechts. Dabei sind die juristischen Denkformen nicht so zahlreich, daß sie diesseits und jenseits der Grenze beider Rechtsgebiete durchaus verschieden sein
müßten oder auch nur könnten.

Im Erscheinen begriffen:

BGB Das Bürgerliche Gesetzbuch

mit besonderer Berücksichtigung der Rechtsprechung des Reichsgerichts und des Bundesgerichtshofes. Kommentar herausgegeben von Reichsgerichtsräten und Bundesrichtern.

11. Auflage. 6 Bände. Lexikon-Oktav. Halbleder.
Die bereits vorliegenden gebundenen Teile kosten DM 931,—

Bearbeiter Bundesrichter i. R. JOHANNES DENECKE, Bundesrichter Dr. ROBERT FISCHER, Bundesrichter Dr. KARL HAAGER, Bundesrichter KURT H. JOHANNSEN, Bundesrichter Dr. FRIEDRICH KREFT, Landgerichtspräsident Dr. WILHELM KREGEL, Bundesrichterin Dr. GERDA KRÜGER-NIELAND, Bundesrichter Dr. GEORG KUHN, Bundesrichter Dr. OTTO LÖSCHER, Bundesrichter KARL E. MEYER, Senatspräsident beim BGH Dr. KARL NASTELSKI, Senatspräsident am BGH Professor Dr. ERICH PRITSCH †, Bundesrichter i. R. GEORG SCHEFFLER, Bundesrichter HEINZ SCHUSTER, Bundesrichter Professor Dr. GÜNTHER WILDE, Bundesrichter KURT WÜSTENBERG.
(Großkommentare der Praxis)

Gebunden liegen vor:
Band I,   Allgemeiner Teil §§ 1—240, Recht der Schuldverhältnisse §§ 241—432, 2 Teilbände
Band II, Recht der Schuldverhältnisse §§ 433—853, 2 Teilbände
Band III, Sachenrecht §§ 854—1296, 2 Teilbände
Band IV, Teilband 1, Familienrecht §§ 1297—1588
Band V,   Erbrecht §§ 1922—2385, 2 Teilbände

In Lieferungen erschienen:
Band IV, 2. Teilband, Lfg. 1: Familienrecht §§ 1589—1698 b
Band IV, 3. Teilband, Lfg. 1: §§ 1—40 Ehegesetz
Band IV, 3. Teilband, Lfg. 2: §§ 41—47 Ehegesetz
Band VI, Lfg. 1: Wohnungseigentumsgesetz

Mit etwa 3 weiteren Lieferungen werden die Teilbände FAMILIENRECHT zum Abschluß gebracht. Alle Teilbände des Familienrechts erscheinen als 10./11. Auflage und bringen auch die 10. Auflage des Kommentars zum Abschluß; das Register wird ebenfalls für beide Auflagen erstellt.

WALTER DE GRUYTER & CO. · BERLIN 30

WEBER

Treu und Glauben (§ 242 BGB)

Von Dr. jur. Dr. phil. WILHELM WEBER, Landgerichtsdirektor in Düsseldorf

Lexikon-Oktav. LI, 1553 Seiten. 1961. Halbleder DM 220,—

(Sonderausgabe aus J. v. Staudingers Kommentar zum BGB)

„Dieser Band ist ein Kompendium dieser Generalklausel für die Rechtspraxis, das in seiner Vollständigkeit seinesgleichen sucht ... Sie ist — wie ich glaube — die geschlossenste Darstellung, die es bislang im Schrifttum gibt, und für den Praktiker und denjenigen, der sich auch wissenschaftlich mit dem Thema beschäftigen will, eine unerschöpfliche Quelle der Belehrung und Unterrichtung. Es nötigt in seinem Umfang und seiner Akribie zu größtem Respekt. WEBER hat mit dieser monumentalen Darstellung des gesamten Rechtskomplexes der Sittennorm billigen Verhaltens ein Nachschlagewerk herausgebracht, das es bislang in diesem Umfange noch nicht gab."

Prof. Dr. Ph. Möhring in: Neue Juristische Wochenschrift

NIPPERDEY - MOHNEN - NEUMANN

Der Dienstvertrag

(Sonderausgabe aus J. v. Staudingers Kommentar zum BGB)

Erläutert von Dr. Dr. h. c. HANS C. NIPPERDEY, Präsident des Bundesarbeitsgerichts, Professor an der Universität Köln, Dr. HEINZ MOHNEN, Amtsgerichtspräsident in Köln, Dr. DIRK NEUMANN, Arbeitsgerichtsrat in Köln

Lexikon-Oktav. VIII, 576 Seiten. 1958. Kunsthalbleder DM 66,—

„... ein sorgfältig zusammengestellter Abriß des Arbeitsrechts im engeren Sinne ... kann allen arbeitsrechtlich interessierten Kreisen nur wärmstens empfohlen werden. Es dürfte auch nicht zweifelhaft sein, daß er in Gestalt der nun vorliegenden Sonderausgabe noch mehr Bedeutung als bisher erlangen wird, da seine Anschaffung nun auch für denjenigen möglich ist, der sich nicht mit dem mehrbändigen Gesamtkommentar belasten will. Jedenfalls wird man in Zukunft bei der ernsthaften Diskussion einschlägiger Rechtsfragen an diesem Erläuterungsbuch nicht mehr vorübergehen können."

Bundesarbeitsblatt

J. SCHWEITZER VERLAG · BERLIN 30